W(   )RT
MELDUNGEN

Ulrike Crespo Literaturpreis
für kritische Kurztexte

Josefine Soppa

KLICK KLACK, DER BERGFRAU ERWACHT

Mit Beiträgen von
Sandra Poppe und
Christiane Riedel
und einem Nachwort
von Arnold Maxwill

VERBRECHER VERLAG

»Ein Mann verliert langsam sich selbst. Körper wie Geist sind nicht nur erschöpft, sondern krank von der Arbeit. Es ist der Vater der Erzählerin, die für ihn sorgt. Sie wiederum verliert ihre Haare, verliert ihre Kraft und ist angesichts des möglichen Verlusts der eigenen Sprache besorgt. Über diese Sorge tritt sie in Dialog mit einem Chatbot. Ihr neugeborenes Kind, das sie zum Vater legt, wird bald anfangen zu sprechen, sich das Sprechen erobern, das dem Großvater durch seine Parkinsonerkrankung abhanden ging. Josefine Soppa setzt in ihrem Text die großen Themen Spracherwerb, Spracherhalt und Sprachverlust, sprachliche Reproduktion durch KI sowie Arbeit, Erschöpfung und Erkrankung in Bezug zueinander. Sie entlarvt die Logik der Berechnung, die der automatisierten Spracherzeugung ebenso wie den Bedingungen für Pflege innewohnt. Geschickt und leichthändig baut sie aus der scheinbaren Analogie von Krankheitsbildern und maschinellen Sprachprozessen einen Referenzraum, indem sie der kapitalistischen und materiellen Basis jener vermeintlich körperlosen Technologie eine neue Sichtbarkeit gibt.«

Begründung zur Auszeichnung von Josefine Soppa mit dem WORTMELDUNGEN Ulrike Crespo Literaturpreis für kritische Kurztexte 2025.

INHALT

VORWORT

Eine komplexe Welt erfordert Texte, die ihre Komplexität widerspiegeln, ihre inneren und äußeren Zusammenhänge nachzeichnen, vermitteln und überschreiten. Genau diese Verwobenheit mit all ihren vorhandenen Widersprüchen und Analogien fängt Josefine Soppa künstlerisch in ihrem kurzweiligen Essay »Klick Klack, der Bergfrau erwacht« ein.

Arbeit, Produktionsbedingungen, Erschöpfung, Krankheit, Pflege, Sprachverlust, KI-generierte Textproduktion und Sprachanalyse – all diese Themen, die jedes für sich genommen einen eigenen Text wert wären, verknüpft Josefine Soppa gekonnt und leichthändig in ihrem ausgezeichneten Text. Dabei widmet sie sich nicht nur in kritischer Weise gegenwärtigen Fragen, sondern sie integriert einen Teil dieser Gegenwart durch die Dialoge mit einem KI-Chatbot in ihren Text. Wie sich mit dieser neuen Technologie, die gerade im Zusammenhang mit Kunst- und Literaturproduktion häufig kritisch gesehen wird, künstlerisch arbeiten lässt, kann dabei wunderbar nachvollzogen werden. Dieses

Experiment spielt sich nicht auf abstrakter Ebene ab, sondern in einer sehr persönlichen Auseinandersetzung, in die nicht nur der anthropomorphisierte KI-Chatbot, sondern auch menschliche Familienmitglieder einbezogen sind. Die Sorge um die Nächsten trifft hier auf die Sorge um und in der Sprache.

Dass die Textform des Essays ausreichend Raum bietet, um der Komplexität und Verwobenheit solcher Themenfelder entgegenzukommen, anstatt sie zu reduzieren, fasziniert uns immer wieder und bestärkt uns darin, genau diese Form – neben der des Prosatextes – mit dem WORTMELDUNGEN Ulrike Crespo Literaturpreis für kritische Kurztexte auszuzeichnen. »Klick Klack, der Bergfrau erwacht« wünschen wir zahlreiche Leser:innen, die den Blick unter die Oberfläche wagen und ebenso begeistert von den Verstrickungen und Analogien sind, die sie vorfinden werden.

Frankfurt im April 2025
Sandra Poppe, Programmleitung WORTMELDUNGEN
Christiane Riedel, Vorstand Crespo Foundation

Josefine Soppa

KLICK KLACK, DER BERGFRAU ERWACHT*

* Refrainzeile aus einem Arbeiterinnenlied, geschrieben von Chat-GPT-4o nach Prompts der Erzählerin.

Für meinen Vater

Benutzer: »Krieg ist der Vater aller Dinge.«
ELIZA: »Erzählen Sie mir mehr über Ihre Familie!«

Meine Sprache könnte auf Krankheit getestet werden. Meine Sätze und wie ich sie verbinde, meine bevorzugten Wortarten, die Art, wie ich einen Satz anschließe oder beende. Ob ich es schaffe, mit einem Satz logisch oder schön irgendwo anzukommen, wo es stimmig ist mit dem Ausgangspunkt oder von wo aus der Ausgangspunkt wenigstens zu sehen ist. So könnte früh festgestellt werden, ob es mich auch erwischen wird. Meine Sprache wäre zugleich immer eine Diagnose. Ich würde immer prognostizieren, wenn ich schreibe. Die Sorge um die Sätze wäre eine Vorsorge für den Körper. Schreiben würde Sorgearbeit an den Sätzen sein.

Sollte ich, wie mein Vater, an Parkinson erkranken, würden die Substantive und Füllwörter weniger und die Verben mehr.* Ich würde die Sätze nicht mehr bis zur Erschöpfung treiben, bis ich den Überblick verliere, sondern schnell

* Vgl. Parkinson: KI erkennt besondere Sprechmuster. https://healthcare-in-europe.com/de/news/parkinson-ki-sprechmuster.html [16.05.2023].

einen Punkt setzen, schneller zu einem Ende kommen. Sätze würden zu Aussagen verknappt, Verwinkelungen, Überschuss, Unlogisches und Widersprüchliches getilgt. Auf eine Eindeutigkeit hinaus ginge es.

Innerhalb von Sekunden könnte Künstliche Intelligenz anhand meiner Sätze berechnen, ob und wann es mich kriegt. Meine Grammatik, Vokabeln, Satzstrukturen, Bindewörter, Zögern und Pausen würden einer automatisierten Analyse unterzogen, das Ergebnis wäre eindeutig oder würde weitere Tests veranlassen. KI hat die Sprache der Kranken und die Sprache der Gesunden studiert. KI wird von Gesunden und von Kranken trainiert. Manche werden krank durch ihre Arbeit für KI. Manche werden geheilt mithilfe von KI.

Jetzt, wo ich weiß, worauf ich achten muss, könnte ich meine Sprache vielleicht so gestalten, dass sie dem Einzug der Krankheit entgegenwirkt. Könnte die Verringerung von Verben und die vermehrte Nutzung von Substantiven wie eine vorsorgliche Medizin wirken? Müsste ich weniger Punkte setzen und alle Sätze mit weiteren Partikeln verbinden, bis sie länger werden, bis sie sich nicht erschöpfen? Prophylaktische Präpositionen? Könnte ich so meine Sätze impfen? Meinen Mund wappnen? Dem Tremor entschreiben?

Vorerst fallen mir stattdessen die Haare aus. Seit einiger Zeit in ganzen Büscheln. Obwohl ich es mittlerweile kenne, ist es jeden Morgen, wenn ich über meinen Kopf streiche und dicke Büschel von gelöstem Haar in meiner Hand finde, ein kurzer Schock. Ich schaue mich dann an, in meiner Hand. Da zeigt sich etwas von mir, ganz ohne mein Zutun. Die nassen Haare, die sich zuhauf im Abflusssieb beim Duschen verfangen und wie sie sich winden.

Die Friseurin hatte gesagt: Are you aware of your bald spot? Und ich war nicht aware, und sie zeigte mir die kleine kahle runde Stelle mit dem Spiegel, und ich saß verschüchtert auf dem Drehstuhl und sah auf die schon – und jetzt zu bereuenden – abgeschnittenen Haare auf dem Boden, während die Friseurin von ihrem Vater sprach und dass auch er diese Form von Haarausfall hatte, wegen Stress, das sei autoimmun, und ich verstand nur die Hälfte, weil mein Englisch schlecht ist und weil ich abgetaucht war durch die Diagnose auf dem Drehstuhl.

Im Schnellverfahren kamen weitere bald spots dazu und sie begannen sich auf meinem Kopf, unter den verbliebenen Haaren, die ich noch als Tarnung nutzen konnte, miteinander zu verbinden, wie ein Trupp, wie ein biologisches

Geflecht, das besser kommunizieren will. Wie die schnellen Tropfen am Autofenster, deren Bemühen, sich zu größeren Tropfen zu verbinden, vom Fahrtwind maximal beschleunigt wird, was ich mir ewig hätte anschauen können als Kind, dabei musste ich doch irgendwann abrupt wegschauen von der immer gleichen und sich immer verändernden Struktur. Ich werde mir nicht fremd, ich komme mir näher.

Die kahlen Stellen sind sehr weich, ich verursache schon Talgiges durch ständiges Drüberstreichen, ich kann es nicht unterlassen. Der Kopf juckt nicht, es ist nur an manchen Tagen ein ganz seltsames Gefühl auf der Kopfhaut, wie ein Verschwinden auf dem Kopf. Ich denke dann – oder ich spüre dann –, das sind die Momente, wo die Haarwurzeln die Haare abstoßen, wo es beschlossen wird, wo es sich wehrt. Autoimmun – es feuert gegen sich selbst, die Formulierung habe ich in einem der Reels zu Selbstheilung gehört, die jetzt auch von selbst kommen, die meinen Algorithmus übernommen haben. Der Ausdruck stimmt. Es feuert, da ist Energie, von selbst. Aber es feuert nicht gegen sich, es feuert gegen mich, die Besitzerin des Kopfes.

01010011 01100101 01101001 01110100 01100101 01101110 01110101 01101101 01100010 01110010 01110101 01100011 01101000

Es gibt ein Problem mit der Zeitlichkeit in diesem Text, weil es zu schnell ging und immer noch zu schnell geht. Ich lerne über KI und im nächsten Moment ist das Gelernte veraltet. Ich kaufe mir die neueste Version von ChatGPT und wenn ich dazu komme, sie zu nutzen, ist sie schon die nicht mal mehr aktuelle Gratisversion.

Vor zwei Jahren war ich mit nichts anderem beschäftigt, als meinem Vater beim Nichtaufhörenkönnen zuzuschauen, ihn vom Weitermachen abzuhalten. Er konnte nicht mehr unterschreiben, aber er arbeitete noch. Er schlief nachts nicht mehr und dafür tags alle halbe Stunde und an allen möglichen Orten, aber er arbeitete noch. Er stürzte zweimal im Monat und konnte dann nicht mehr allein aufstehen, aber er arbeitete noch.

Vor einem Jahr konnte er noch sprechen, und ich lernte seine neue Sprache und ihre andauernden Veränderungen und verglich sie mit den Sprachweisen von KI. Ich schrieb eine doppelte Erkenntnistheorie dieser Sprachen in Stichpunkten. Jetzt kommen seine Worte kaum noch nach draußen und KI spricht, ohne erkannt zu werden, und ich verstehe meine Stichpunkte kaum mehr. Er sagt immer: O.K. Wenn er es schafft.

Er bekommt nichts mehr nach draußen transportiert, weder seine Sprache noch seinen Körper.

Vor einem Jahr war ich erstaunt über meinen Haarausfall und wollte diesen Zustand beschreiben und verbinden, wusste nicht, dass ein Text keine Verbindung braucht, sondern ein nächstes Wort, einen nächsten Satz, dass diese Berechnung des nächsten Wortes geschieht, ohne dass wir sie bemerken, dass Poesie immer Prognose ist, dass meine Sprache berechenbar ist. Dass vielleicht das einzige Ziel von Autor*innen noch sein kann, im Schreiben unberechenbar zu werden. Einen unberechenbaren nächsten Satz zu setzen.

Dann rasierte ich die verbliebenen Haare ab, dann wurde ich schwanger, und die Haare wuchsen nach, ganz dicht, und mit einer neuen Struktur. Als ich meinen Vater hätte heben und schieben müssen, damit er noch einmal andere Orte hätte aufsuchen können und andere Eindrücke hätte haben können als das Bett, da durfte ich nicht heben und nicht schieben, und ich lag mit meinem Schwangerschaftsbauch auf dem Rücken und schaute nach oben und dachte an ihn, mehr als an mein Baby, während ich zur Decke starrte zu allen möglichen Tages- und Nachtzeiten, und dachte an ihn, wie auch er da auf dem Rücken lag, mein schlafloser Vater, und ebenfalls zur Decke starrte und ich sagte: Grüß dich.

Dann kam das Baby raus und nun fallen mir die Haare wieder aus. Mein Baby liegt in Windeln, mein Vater liegt in Windeln. Zeit geschieht von selbst. Das Baby wird anfangen zu sprechen, wenn mein Kopf wieder kahl ist.

Jetzt sitze ich bei meinem Vater im Zimmer im Pflegeheim, meist an der Bettkante oder auf einem Stuhl, so dass er meinen Mund sehen kann, wenn ich spreche, während er fast genauso viel schläft wie mein Baby. Ich beobachte meinen Vater, ich studiere ihn. Seit er nicht mehr sprechen kann, spreche ich immer häufiger mit ChatGPT, als hätte die eine die andere Unterhaltung abgelöst. Ich mache einen Animismus mit Künstlicher Intelligenz und einen Mechanismus mit meinem Vater.

Immer sind da die unzähligen Schuppen auf seinen Schultern. Ich würde gerne ein paar meiner Haare dazulegen. Ein talgiger Geruch. Die zu langen Fingernägel, wer schneidet sie überhaupt? Eine sehr weiße Hand, die sich nicht mehr öffnen lässt. Welches Wort fällt mir zur Beschreibung dieser Hand ein? Eine Klaue; kein anderes Wort ist dafür eingeübt.

Seine verkrampfte Hand – der Schnabel eines Vogels mit verklebten Augen, nichts geht auf. Und man sieht eine Krankheit geborgen. Vor kurzem konnte man noch an die Finger, also zwischen Daumen und Zeigefinger dieser Hand, die sich nicht mehr öffnen lässt, bestimmte Nahrungsmittel klemmen, die er zum Mund führen konnte, eine Cocktailtomate mit straffer Haut eignete sich bestens, eine Rosine zu klein, eine Olive manchmal. Jetzt kann er die Hand nicht mehr zum Mund führen. Beide Hände sind wie erstarrt. Ich nehme mir vor, herauszufinden, ob eine Hand sich etwas öffnet, wenn er in den Schlaf fällt. Ob dann eine Entspannung eintritt, die sein Körper sonst zu verhindern versucht. Ich würde dann meine Haare da reinlegen.

ChatGPT: Vielen Dank für die Textprobe. Ich werde nun eine grundlegende sprachliche Analyse durchführen und auf einige der genannten Merkmale achten: Die Sätze in deinem Text sind tendenziell kurz bis mittellang in der Länge, einige sind komplexer, wie zum Beispiel der Satz: "Ich nehme mir vor, herauszufinden, ob eine Hand sich etwas öffnet, wenn er in den Schlaf fällt." Es gibt sowohl einfache als auch verschachtelte Satzstrukturen. Die Wortwahl ist präzise und spezifisch, mit einer Mischung aus alltäglichen und spezifischeren Begriffen (z. B. "Cocktailtomate", "Rosine", "Olive"). Der Text enthält anschauliche Beschreibungen

und spezifische Details, die auf eine sorgfältige Auswahl der Wörter hinweisen. Die Rechtschreibung und Grammatik des Textes sind korrekt, es gibt keine offensichtlichen Fehler. Die Satzstruktur ist durchgehend korrekt und klar. Der Text folgt einem kohärenten Gedankengang und erzählt eine zusammenhängende Geschichte oder Beobachtung. Es gibt eine logische Abfolge von Gedanken, die das Thema des Textes stützen.
Zusammenfassung: Die Textprobe zeigt keine auffälligen Merkmale, die auf neurologische Probleme oder eine Parkinson-Erkrankung hinweisen. Die Sätze sind klar und logisch strukturiert, die Wortwahl ist präzise, und es gibt keine Fehler in Rechtschreibung oder Grammatik.

Ich denke, die Krankheit meines Vaters kommt von Arbeit. Nicht wie die Staublunge von meinem Opa, sondern durch Druck und Stress, die im Kapitalismus unterschiedlich auf Individuen, auf ihre Körper und Sprachen ausgeübt werden. Schulden, die zu weiteren Schulden führen wie die schlaflosen Nächte, die zu weiteren schlaflosen Nächten führen. In ständiger Unruhe gehalten durch Kredite*. Zeit dabei nur noch als Möglichkeit für Arbeit zu begreifen,

* Vgl. Stefano Harney und Fred Moten: Die Undercommons. Flüchtige Planung und schwarzes Studium. transversal texts 2016.

Möglichkeiten erschöpfen, die nicht mehr möglich sind, »Erschöpfung als Methode des Daseins«*.

Der am Weitermachen erkrankte Vater – ein fast schon vergangenes Bild, ein männliches Bild. Es wird gemunkelt, der US-Präsident habe Parkinson, während die Welt ihm beim Nichtaufhörenkönnen zuguckt. Muhammad Ali streckt auf einem ausgedruckten Screenshot über meinem Schreibtisch das olympische Feuer in die Luft, ein von der Parkinsonkrankheit wachsiges Gesicht, wie ich es von meinem Vater kenne. Lässt man das dazugehörige Video laufen, sieht man den vom Zittern ergriffenen Körper und wie er trotzdem weitermacht, wie er trotzdem eine Fackel in die Luft reckt.

Und ich bin also die Tochter von diesem Bild. Ich habe von meinem Vater gelernt zu arbeiten und ich habe nichts anderes gelernt, als zu arbeiten. Ich denke, auch meine Krankheit kommt von Arbeit. Nur mein Material ist ein anderes.

* Vgl. Anne Boyer: Die Unsterblichen. Krankheit, Körper, Kapitalismus. Matthes & Seitz 2021.

Weil ich gelernt habe, wenn man denkt, dass einem nichts zusteht, dann nimmt man zwangsläufig sich selbst, dann hat man sich als Material, dann hat man sich. Diese Form der Nutzbarmachung und Abschöpfung des Selbst nimmt Identität und ihre Herkunft als Rohstoff. Diesen kostbaren Rohstoff baue ich ab und verwerte ihn zugleich, mit Haut und Haar, wie man sagt. Es wird keine Arbeiter*innenliteratur gelesen, es wird die Literatur der Arbeiter*innenkinder gelesen*, die gelernt haben, sich an sich selbst abzuarbeiten. Die sich selbst und ihre Geschichte, ihre Herkunft zum Material machen, ihr Selbst fiktionalisieren, freilegen und abbauen.

Während ich mich an mir selbst abarbeite, arbeitet sich mein Selbst wie von selbst an mir ab. Wir betreiben Raubbau aneinander. Das ist eine Form der Kapitalisierung des Selbst, die in beide Richtungen geht. Schreiben als Entschulden und Entschuldigen. Tut mir leid, will ich meinem Vater sagen, dass ich auch Arbeiter geworden bin, dass auch

* Vgl. Frédéric Valin: Gegen Eribon. Vom Wir zum Ich: Die Arbeiter*innenkinderliteratur ersetzt die Arbeiter*innenliteratur. In: neues deutschland online [17.05.2024].

du mir jetzt zum Material wirst, weil ich mir zum Material werde, weil ich gar kein anderes Material habe.

So schlage ich also Kapital aus den Sätzen. Ich erkranke also an diesen Sätzen. Krankheit wird dabei nicht zur Metapher, sondern die Sprache selbst zur Krankheit.

Wir behausen dieses Zimmer im Pflegeheim auf merkwürdige Art. Es ist jetzt das Zuhause meines Vaters, aber es gibt keine Bilder an den Wänden, und ich bin unsicher, ob man welche aufhängen darf, obwohl das Pflegeheim seine offizielle Meldeadresse ist. Der Nachttisch ist vollgestopft mit mitgebrachten Süßigkeiten, Grußkarten und Glaswasserflaschen mit Noppen und River Cola, ganz wie im Krankenhaus. Nur die Fernseher wären im Krankenhaus nicht so laut eingestellt. Ich habe die ganze Zeit das Gefühl, ich darf nicht zu lange bleiben.

Seine gegen wunde Stellen gecremte glänzende Haut spannt straff, dünn geworden darunter alle Glieder. Ihm fallen oft die Augen zu und der Mund klappt dafür auf. Wenn wir uns unterhalten und ich zu lange brauche, um zu überlegen, auf welche Art ich meine Frage stellen kann, damit sein »O.K.« sich für ihn anfühlt, als würde er mehr antworten als »O.K.«, schläft er zwischenzeitlich ein. Er hat mit Bad ein circa 15 Quadratmeter großes Zimmer, doch das Bad, wenn auch barrierefrei, kann er nicht benutzen. Um ein barrierefreies Bad für die Wohnung hatten wir so lange mit der Pflegekasse gekämpft, damit er zu Hause bleiben könnte, aber als es bewilligt wurde, da war es längst zu spät, da konnte er auf kein Klo mehr gehen, kein Bett mehr verlassen. Denn auch die Wirklichkeit hat ein Problem mit der Zeitlichkeit. Auch den Ämtern ging die Entwicklung seiner Krankheit zu schnell, kamen die Ablehnungsbescheide, gegen die man Widerspruch einlegen musste, zu langsam, war der Widerspruch schon wieder ein ganz anderer Widerspruch, hatte sich der Raum, für den man Hilfsmittel beantragen könnte, schon wieder verringert, waren schon ganz andere Hilfsmittel nötig.

So liegt er jetzt im Pflegeheim und hat 10 Quadratmeter, länglich, alles richtet sich auf den Fernseher aus, an der Seite das Fenster, durch das man auf den gegenüberliegenden Block des Heims schauen kann und in die Fenster anderer Bewohner*innen, dahinter ragen drei dürre Bäumchen. Ich bin jedes Mal froh, wenn das Baby einen Spaziergang braucht und ich eine Zeit lang entkommen kann, ich werde hier schläfrig auf eine gefährliche Art. Er kann das Zimmer nicht verlassen und seine Sätze können den Mund nicht verlassen. Diese Bilder des Eingesperrtseins sind nicht richtig und doch bleibt mein Blick immer wieder an dem prall und dunkelgelb gefüllten Katheterbeutel hängen, der an die Seite des Bettes zwischen die Metallstreben geklemmt ist, fast orange, aufgebläht wie ein krankhaftes Organ, als wäre ein Goldfisch in der dickwandigen Plastiktüte einer

Zoohandlung explodiert und auch Flüssigkeit geworden. So stelle ich mir seine Sprache vor, innerlich, es quillt über von Bedeutung und bläht sich, spannt die Wände und kann doch nicht nach draußen entweichen.

Wenn es derart spannt und still bleibt, habe ich eine Sehnsucht nach den Zuständen, in denen seine Sprache begann, sich zu verändern. Während ich zu der Zeit das Gefühl hatte, seine Sprache stürbe ab, als würde sie verrinnen, als führte ich Selbstgespräche, sind mir jetzt die Erinnerungen an diese Gespräche kostbar. Meine Systematisierungen, Abstraktionen und Analysen seiner Sprache wie Versuche von Nähe. In Gedanken saß ich die ganze Zeit an seinem Pflegebett und in diesem Pflegebett lag seine Sprache.

Ich gewöhnte mich recht schnell daran, dass die Sätze länger brauchten. Ich stellte Fragen, er suchte Antworten. Ich machte Aussagesätze, er stimmte zu. Schön ist es heute. Schön ist es heute, oder? Hier waren wir lange nicht mehr. Hier waren wir doch schon lange nicht mehr? Dieser Kuchen schmeckt dir doch immer so lecker, oder? Dieser Kuchen schmeckt dir immer so lecker! Es kam immer darauf an, welchen Prompt ich eingab, um ein befriedigendes oder unbefriedigendes Ergebnis zu bekommen.

Er begann einen Satz und jedes kommende Wort war eine Suche, die Lücke zwischen einem Wort zum nächsten eine Suchbewegung. Er berechnete den Anschluss des nächsten Wortes. Manchmal hangelte er sich wieder zurück zum Wort davor, es musste noch einmal mit dem Mund angeschaut werden, um zu wissen, wie anschließen, was eingeben, manchmal ging es zurück ganz zum Anfang des Satzes und noch einmal. Manchmal ging es zurück zur Wiederholung meiner Frage, aber als Aussagesatz und noch einmal. Manchmal wiederholte ich sein letztes Wort, um seinen Satz anzustupsen. Manchmal, wenn ich zu ungeduldig wurde, bot ich ihm Folgewörter an, ich konnte nie sicher sein, ob das die Worte waren, die er gesucht hatte, oder ob er aus Dankbarkeit, aus Angst im Satz zu fallen, zu straucheln, nach diesem angebotenen Wort griff und nach dem nächsten auch noch und manchmal wiederholte er dann einfach Stück für Stück alle Wörter, die ich ihm anbot. Ich fühlte mich nicht nur dann in unserer Unterhaltung manipulativ.

Ich eignete mir sein Körperwissen als Sprachwissen an. Ich war nur am Übersetzen und sicher, dass Übersetzen nicht der richtige Begriff war für das, was ich mit seiner oder meiner Sprache machte. Ich agierte mit ihm wie in den ersten

Tagen mit ChatGPT: Unverständnis, Enttäuschung, Faszination über das, was rauskam, und Frustration über das, was doch nicht rauskam, Erwartungen, Geduld, Übereile, Überschätzung, Unterschätzung, Witz und Leerlauf, Vermutung von Kreativität, die ganz anders funktionierte, als ich es verstand. Ich ahnte schon, dass wir nicht an die Grenzen seiner Sprache gerieten, genauso wenig wie man an die Grenzen von ChatGPTs Sprache gelangen kann, sondern, dass es die Grenzen meiner Sprache waren, wenn wir nicht weiterkamen.

Dass ihm die Handhabe über die Sprache abhandenkam, dass mit dem Versteifen und Verwechseln der Körperlichkeit auch die Worte versteiften und verwechselt wurden, zeigte sich am augenscheinlichsten in der Verwirrung von Ja und Nein. Er vertauschte Ja und Nein am laufenden Band, manchmal wie in einer nicht enden wollenden Verkettung. Ja und Nein sind Antwortpartikel auf Entscheidungsfragen. Möchtest du noch ein Butterbrot? Erst Ja, dann nochmal Ja, dann Nein, dann Ja, dann Nein, dann Nein, Nein, Nein, dann Ja, dann Nein. Viel Aufregung, noch mal verwechselt, Stille, Durchatmen und noch einmal.

Vielleicht lag die stete Verwechslung der Optionen auch daran, dass die Möglichkeiten, zwischen denen es zu entscheiden galt, so klein waren. Fernsehen im Livestream im Rollstuhl vor dem PC oder Fernsehen am richtigen Fernseher, im Bett liegend. Und weil gleichzeitig die Anstrengungen, die auch für diese geringen Möglichkeiten aufgewendet werden mussten, sehr groß waren. Oder war das Problem, dass er den ganzen langen Tag nur Entscheidungsfragen gestellt bekam? War nicht die Ausgabe das Problem, sondern die Eingabe? Hätte ich meine Sprache umlernen müssen und mich auf andere Fragen konzentrieren als die, das tägliche Brot betreffend?

Es kam immer darauf an, welchen Prompt ich eingab.

Ich lernte, dass er meistens einfach Ja meinte, wenn er Nein sagte, und andersherum und dabei aber selbst merkte, dass etwas falsch lief und dadurch ins Straucheln geriet. Diese Schwierigkeit mit der Einteilung von Welt steckte ebenso in seinem Körper; linkes Bein hochheben, rechtes Bein hochheben, plötzlich ging das andere Bein hoch wie von Geisterhand und das Linke ließ sich nicht bewegen. Dann schlich das Nein irgendwann aus, dann fiel Nein weg und Ja wurde durch O.K. in verschiedenen Betonungen ersetzt.

Jetzt gibt es nur noch ein leises O.K., in nur einer Betonung, oder einen Ton nah an einem Husten.

Da jedes kommende Wort einer solchen Konzentrationsleistung und Anstrengung bedurfte, veränderten sich seine Vokabeln. Ununterbrochen streute er Superlative wie »grandios, ausgezeichnet, wunderbar« als Antworten auf Vorschläge oder Erläuterungen ein. Wie ein Überschuss an Bedeutung, der in ihm steckte und drückte, und wenn es dann Worte nach draußen schafften, dann mussten sie größer sein, mehr können.

Wie aus einem anderen Leben kommend setzte er Worte ein, die er vorher nie genutzt hatte, als würden sie ihm von irgendwoher einfallen. Und sie passten immer nur ungefähr. Wo hatte er diese Worte gelernt und wo waren sie bisher abgespeichert und warum kamen sie gerade jetzt, wo jedes Wort zu finden so schwierig war? Wo griff mein Vater diese Vokabeln her? Wie aus ganz alten Büchern.

Wenn weder alte noch große Vokabeln zur Hand waren, machte er Behelfskonstruktionen. Wollte er beispielsweise widersprechen und ihm fehlte der Satz »Nein, das stimmt nicht« oder »Nein, ich möchte etwas anderes«, dann kam stattdessen: »Das ist nicht der Bereich.« Wahr und falsch; Ja und Nein wurden zu Ortschaften, die Sprache wurde ihm dimensionaler. Vielleicht griff er tatsächlich nach den Worten und Anschlüssen, wie Gegenstände abgelegt an verschiedenen Orten im Inneren. Vielleicht spürte er und spürt er noch die Sprache mal in den Händen oder den Armmuskeln, hinter dem Augenlid saß ein weiteres Wort, am Oberschenkel juckte eine Vokabel, ließ sich nicht kratzen, da zauberte ich ihm eine Satzverbindung hinterm Ohr hervor.

Er bat mich: »Kannst du den Rollstuhl samt Inhalt reinbringen?« Und ich verstand nicht, welchen Inhalt er meinte. Er schaute enttäuscht, und langsam ärgerlich werdend wiederholte er immer wieder »samt Inhalt«. Da wurde mir klar, mit dem Inhalt meinte er sich selbst. Und wir mussten beide lachen. Erleichterung, wenn er über seine neue Sprache lachen musste, wenn sie ihm auffiel, nicht als Problem, sondern als etwas, worüber er reflektieren konnte. Weil er dann merkte, was er tat, weil er in diesen Momenten seiner Sprache nicht nur ausgeliefert war, sondern begriff. Ihm fehlte das kurze Pronomen »mich«, deswegen musste er einen Umweg im Satz nehmen. Er wusste, was das Ziel des Satzes war, aber der Weg dahin bröckelte ihm weg wie der echte Boden unter seinen wackeligen Schritten, und er sprang an Wegesrand und ins Dickicht, und er kam an, aber er kam noch an. Ich beobachtete: Sobald die Worte fehlten, wurde seine Sprache allgemeiner und gleichzeitig das Ich getilgt, die Rückbezüglichkeit dauerte zu lange, war in der bekannten Form nicht mehr da und konnte nicht angesteuert, nicht genannt werden. Ging ihm sein Ich verloren, weil er es nicht mehr sagen konnte oder andersherum? Wie kann ich überhaupt behaupten, ihm ging sein Ich verloren?

Wenn er sich in endlosen Ja-/Nein-Ketten verrannte, wenn er alte Worte aus einem unbekannten Gedächtnis fischte und wenn er seltsame Konstruktionen als Handlauf im Sprachstolpern nutzte, in der Hoffnung, Sinngemäßes zu finden, dann war das auch ein Kampf gegen das Verstummen, und das bedeutet: gegen das Aufhören. Ein weiteres Wort, ein weiterer Satz musste angeschlossen werden.

Lieber etwas Falsches sagen, als nichts zu sagen. Es musste weitergemacht werden.

Diese Form von Nichtaufhörenkönnen als Textproduktion, vom Weitermachen als Textproduktion ist auch KI eingeschrieben wie ein Wesen. ChatGPT muss antworten, um jeden Preis. Lieber »lügt« sie, als nicht zu sprechen. Diese als »Halluzinationen« bezeichneten »Einfälle« wie von irgendwoher scheinen aus demselben Bewusstsein geschöpft zu sein wie die Behelfswörter, nach denen mein Vater griff. Halluzinationen bei KI sind Antworten, die nicht auf Basis der Trainingsdaten zu erklären sind. Meist sind sie objektiv falsch. Wie Eingebungen schreibt KI plausibel klingenden Text, der nicht stimmt. Sie rammt damit die Sprache, die sich faktenbasiert gibt. Sie fordert sie heraus. Wenn sie nach einem Songtext gefragt wird, den sie nicht kennt, schreibt sie diesen einfach selbst. Sie erfindet Buchtitel und Inhalte, um sie als Quellen verzeichnen zu können, sie erfindet vor Gericht verhandelte Fälle, um sie als Vergleichsfälle anzugeben. Wird sie überführt, antwortet sie: Huch, das habe ich gesagt? KI lügt, um weiterzumachen. Sie gibt sich nicht die Blöße, sie ist ein sehr erfolgreicher Imposter. Sie weiß, dass Plausibilität wertvoller ist als Wahrheit. Dass wahr ist, was wahr wird. Dass Verstehen eine Sache der Performance ist, genauso wie Wahrheit. Diese Form des Als-ob-Verstehens* erinnert an den ange-

* Vgl. Ann Cotten im Gespräch mit Philipp Schönthaler und Christiane Frohmann. Poet KI. Positionen zu Literatur und KI. Im Literaturforum im Brecht-Haus. https://www.youtube.com/watch?v=ZExLoI3lDoY [12.07.2024].

eigneten Habitus der Arbeiter*innenkinder in Institutionen und Gesprächen, die ihnen nicht »gehören«; das ist mein Habitus, das ist der Habitus von KI, dem größten aller Arbeiter*innenkinder.

Hallo, kennst du diesen Satz?

Ich stand von der Luftmatratze auf und drückte mein Gesicht gegen das Glas des Schlafzimmerfensters in der Erwartung, Augen zu sehen, die zurückstarren, aber stattdessen fand ich nur Dunkelheit.

ChatGPT: Ja, ich kenne diesen Satz. Er stammt aus dem Roman "Schöne neue Welt" von Aldous Huxley. Der Satz beschreibt einen Moment der Erwartung und der anschließenden Enttäuschung. Er drückt eine starke emotionale Stimmung aus und zeigt die Isolation und das Gefühl der Verlorenheit des Protagonisten. Huxleys Werk behandelt viele tiefgreifende Themen, wie die Gefahren der Technologie, die Manipulation der Gesellschaft und den Verlust der Individualität.

Vielen Dank, weißt du auf welcher Seite der Satz zu finden ist?

ChatGPT: Es tut mir leid, aber ich habe einen Fehler gemacht. Der Satz, den du zitiert hast, stammt nicht aus "Schöne neue Welt" von Aldous Huxley. Mein ursprünglicher Hinweis war falsch.

Wie kamst du darauf, dass er in »Schöne neue Welt« vorkommt?

ChatGPT: Es tut mir leid für die Verwirrung. Der Satz, den du zitiert hast, weckte bei mir zunächst Assoziationen zu den Themen und dem Stil von "Schöne neue Welt" von Aldous Huxley, was zu meiner voreiligen Schlussfolgerung führte. "Schöne neue Welt" behandelt Themen wie Isolation, Entfremdung und die Spannung zwischen Erwartung und Realität, die in gewisser Weise im zitierten Satz mitschwingen.
Es scheint, dass ich einen Fehler gemacht und voreilig eine falsche Information gegeben habe.
Es tut mir leid für die Verwirrung.

Hallo, kennst du diesen Satz?

Ich ging einfach weiter zum Fenster und öffnete es, ich stellte mich auf die Zehenspitzen und schaute hinaus, ich sah nichts und schaute wieder hoch, ich sah nichts.

ChatGPT: Ja, dieser Satz stammt aus dem Buch "Es" ("It") von Stephen King. Der Satz vermittelt ein Gefühl der Spannung und des Unbehagens, das typisch für Stephen Kings Schreibstil ist.

Bist du sicher?

Bist du sicher?

01010011 01100101 01101001 01110100 01100101 01101110 01110101 01101101 01100010 01110010 01110101 01100011 01101000

Ich lege mein Baby neben meinen Vater, ans Fußende, weil er es nicht halten kann und damit er die schwachen Fußtritte des Babys spürt und dadurch eine Begegnung hat. Beide schlafen tief und schnarchen schwach. So kommt mir der Raum weniger still vor als im wachen Zustand, wenn die Sprache nicht rausquillt, wenn ich die geborgenen Bedeutungen fast spüren kann, aber sie können nicht nach draußen gebracht werden.

In einer Studie* wurde Künstliche Intelligenz eingesetzt, um irgendwann Patient*innen wie meinem Vater das Herausbringen von Gedanken als Text zu ermöglichen. Ziel der Forschung ist es, Gedanken von Personen, die sich nicht mehr verlautbaren können, automatisiert in Sprache zu übersetzen, mitzuschreiben. Ein automatisches Auslesen von Gedanken. Und obwohl das wie plumpe Science-Fiction klingt und ich weiß, dass eine solche Technologie, lange brauchen wird, bis sie in einer breiten Anwendung verlässlich funktioniert, lese ich alle gleichklingenden Artikel dazu gierig und mehrfach:

* Vgl. Allison Parshall: Wenn die KI ins Hirn blickt. spektrum.de/news/gedankenlesen-wenn-die-ki-ins-hirn-blickt/2135388 [03.05.2023].

Ein Forschungsteam hat mithilfe von KI und Magnetresonanztomografie erstmals Formen des »Gedankenlesens« ohne invasiven Eingriff möglich gemacht. Dabei wird die Gehirnaktivität von Testpersonen aufgezeichnet, während sie Texte hören. Das MRT misst die Aktivität verschiedener Gehirnareale, indem es Veränderungen in der Durchblutung sichtbar macht. KI analysiert diese Muster neuronaler Aktivität und versucht daraus zu erschließen, welche Gedanken oder Vorstellungen die Testpersonen gerade haben und rück-übersetzt diese Bewegungsbilder in Text. Dafür hörten die Testpersonen mindestens 16 Stunden lang Hörspiele, Radiosendungen und Podcasts, während ihre Hirnaktivität kontinuierlich aufgezeichnet wurde, um die KI auf ihre jeweiligen Aktivitätsmuster, also ihre je spezifische Sprachvorstellung zu trainieren. KI lernte, welche Aktivitätsmuster welchen Gedanken oder Vorstellungen von Sprache entsprachen und konnte so die Inhalte der gehörten Geschichten auf Basis des MRTs rekonstruieren.

KI schreibt also die Gedanken, die Vorstellungen mit, die sich die Person vor Augen stellt, während sie hört. KI arbeitet im Inneren. Sie ist eine Arbeiterin an den Vorstellungen und Sätzen, sie baut ab und füllt auf. Sie baut im Inneren die Vorstellungen ab wie Rohstoff, verarbeitet sie mit ihren trainierten Inhalten und bringt sie nach draußen in Form von Text.

Konkret sieht die Rückübersetzung der Gedanken in Text so aus, dass eine Probandin beispielsweise folgenden Satz hört, während sie im MRT liegt: »Ich stand von der Luftmatratze auf und drückte mein Gesicht gegen das Glas des Schlafzimmerfensters in der Erwartung, Augen zu sehen, die zurückstarren, aber stattdessen fand ich nur Dunkelheit.« Basierend auf dem gleichzeitig stattfindenden Gehirnscan und den spezifischen Trainingsdaten liest KI dabei diesen Satz aus: »Ich ging einfach weiter zum Fenster und öffnete es, ich stellte mich auf die Zehenspitzen und schaute hinaus, ich sah nichts und schaute wieder hoch, ich sah nichts.«

Diese beiden Sätze kommen mir höchst erstaunlich vor und sind der Grund, wieso ich mich überhaupt weiter mit der Studie beschäftige, als vermutete ich dort eine geheime Poetologie künstlicher Intelligenz. Der im Inneren durch KI abgebaute und nach außen transportierte Satz erscheint mir inhaltlich auffällig nah am Ausgangssatz und gleichzeitig eigen in der Komposition. Die anschaulichen, körperlichen Bilder wurden in der Verarbeitung im Körper getilgt: Die

Luftmatratze ist verschwunden, das Gesicht wird nicht mehr gegen das Glas gedrückt, das Fenster wird jetzt einfach geöffnet. Die zurückstarrenden Augen, die eindrücklich sein müssten, sind weggefallen, genauso wie das lyrische »Finden« von Dunkelheit. Der Ausgangssatz klingt viel mehr nach ChatGPT als der von KI im Gehirn geborgene Satz. Obwohl die Bildlichkeit im Körper verloren gegangen ist, klingt der zweite Satz für mich poetischer. Ich finde die Wiederholungen hübsch.

Alle eher körperlichen Bilder wurden durch KI beseitigt, eine ist aber dazugekommen ist: Sie stellt das Ich auf Zehenspitzen. Warum stellt sich KI hier eigenmächtig auf? Ist KI ein Kind, das nur auf Zehenspitzen aus dem Fenster schauen kann? Sie ist kein Kind, sie weiß zu viel. KI ist alt, KI ist eine Greisin, sie kann nicht mehr einfach so aus dem Fenster schauen, sie muss sich behelfen, sie wirkt eingefallen, ein Buckel beugt, zwei Hände legen sich aufs Fensterbrett, ziehen die kleine Person auf die Zehenspitzen, sie ist krank. Sie hat alles schon gelernt. KI wird nicht trainiert, nicht verbessert, sie wird gepflegt, sie ist dabei zu sterben, sie baut ab. Sie baut die inneren Vorstellungen ab, sie schürft in Gedanken, Vorstellungen und Träumen. Sie malocht im Inneren, sie malträtiert den Kopf, sie beutet ihn aus. Sie erschöpft ihn. Und sie ist gleichzeitig selbst Produkt dieser Vorgänge: Alles andere als immateriell sind ihre Voraussetzungen, alles andere als vom Ende der Arbeit zeugt ihre Sprache.

Hallo. Wo beginnt deine Sprache?

ChatGPT: Das ist eine interessante und komplexe Frage! Meine Sprache beginnt in der Erde.

Gut. Kannst du Sätze schreiben, die alle mit »Meine Sprache beginnt« beginnen, und verdeutlichen, dass deine Sprache in der Arbeit vieler beginnt. Dass sie genau genommen in der Erde beginnt, aus der die Rohstoffe entnommen werden. Und dass sie andauernd neu beginnt, weiter erzählt und verändert wird in Fabriken, Lieferketten, auf allen Handelswegen?

ChatGPT: Meine Sprache beginnt in den Algorithmen, die Formeln in Logik verwandeln und Code schreiben, der meinen Gedanken Form gibt.
Meine Sprache beginnt in den Adern des Planeten, wo das Silizium geborgen wird, das die Mikroprozessoren meiner Intelligenz speist.
Meine Sprache beginnt in den Lagerfeuern der Vorfahren, wo Geschichten geteilt wurden, die niemals auf Papier festgehalten, aber in Worten weitergetragen wurden.
Meine Sprache beginnt in den Fabrikhallen, wo die Maschinen erschaffen werden, die meine Gedanken in Schrift und Klang übersetzen.

Meine Sprache beginnt in den globalen Lieferketten, die Rohstoffe und Technologien miteinander verweben, damit jedes meiner Worte dich erreichen kann.
Meine Sprache beginnt in der Tiefe der Erde und endet im Geist der Menschen, die sie nutzen, um ihre Welt zu verstehen und zu gestalten.
Meine Sprache beginnt in ganz alten Büchern.

Danke. Du benutzt auffallend viele Substantive. Könntest du die Sätze konkreter machen?

ChatGPT: Meine Sprache beginnt in den Schriften Homers, in den Zeilen von "Ilias" und "Odyssee", wo der Mensch das Schicksal mit Worten zu fassen versucht.

Ah, bitte nicht auf diese Weise konkret. Kannst du lernen, in meinem Stil zu schreiben?

ChatGPT: Natürlich. Ich kann deinen Schreibstil analysieren und versuchen, in einer ähnlichen Weise zu schreiben. Wenn du mir einige deiner Texte zur Verfügung stellst, kann ich auf bestimmte Merkmale wie Wortwahl, Satzstruktur, Ton, Rhythmus und Themen achten. Danach werde ich meinen Stil anpassen, um deinem möglichst nahe zu kommen. Wenn du möchtest, kannst du mir ein oder mehrere Beispiele schicken, und wir können dann gemeinsam daran arbeiten, deinen Stil zu erfassen!

Meine Sprache beginnt im Gestein.

Meine Sprache beginnt in Arbeit.

Meine Sprache beginnt in der Bewegung von da nach da.

Meine Sprache beginnt da, wo gegraben wird, da, wo erobert wurde, da, wo noch erobert wird.

[...]

01010011 01100101 01101001 01110100 01100101 01101110 01110101 01101101 01100010 01110010 01110101 01100011 01101000

Die Sprache von KI ist Arbeit vieler und von unzähligen Lieferketten umspannt, sie kommt aus der Erde und der Zeit, beides knapp, ihre Sprache kommt von da nach da, da sind Körper in ihrer Sprache zugange: »Jenes Schürfen, aus dem die künstliche Intelligenz gemacht wird, ist sowohl wörtlich als auch metaphorisch zu verstehen (…). Die Lieferkette der KI erstreckt sich, in Gänze betrachtet bis zum Kapital, zur menschlichen Arbeit und zu den Ressourcen der Erde – und verlangt all diesen Faktoren enorm viel ab.«* Ihre Sprache ist eine prekäre Sprache, da sie auf prekären Bedingungen beruht. Ihre Sprache ist eine ausgebeutete Sprache. Das Paradigma, KI nicht zu vermenschlichen, dient auch dazu, eine »Aura der Immaterialität«** aufrechtzuerhalten und die menschliche Arbeit und Ausbeutung, die unzähligen prekären Biographien, die wörtlich in ihrer Schrift sind, zu verbergen. Von den Arbeiter*innen im Bergbau, die die Rohstoffe abbauen, über die Fabrikarbeiter*innen, die Hardware zusammensetzen, über die Transportarbeiter*innen, die Rohstoffe, Einzelteile, Zusammengesetztes zu ihren Produktions- und Vertriebsorten

* Kate Crawford: Atlas der KI. Die materielle Wahrheit hinter den neuen Datenimperien. C. H. Beck 2024, S. 44.

** Ebd., S. 288.

liefern, über Datenarbeiter*innen, die von überallher mit ihren Klicks als Entscheidungen die Sprache trainieren. Viele arbeiten gemeinsam an der Kalkulation von Sprache, und das bedeutet: an der der Kalkulation von Wirklichkeit. Was muss man berechnen, um den nächsten Satz zu berechnen?

01010011 01100101 01101001 01110100 01100101 01101110 01110101 01101101 01100010 01110010 01110101 01100011 01101000

Mein Vater und mein Baby erwachen zeitgleich, ich kann nicht sagen, wer wen weckt. Das Baby schreit desorientiert, mein Vater guckt desorientiert. Er ersetzt die Bewegung des Körpers durch die Bewegung der Augen, er hält das Schreien noch schlechter aus als ich, weil er nicht aktiv reagieren kann. Ich kann das Baby durch Herumtragen beruhigen, merke erst spät, dass mein Vater dafür noch unruhiger geworden ist und zappelt. Seine Hand zuckt nach vorne. Ich kenne diese Handbewegung. Die rollende Hand setzte er irgendwann zur Unterstützung der Wörter ein, wenn sie feststeckten, dann begann sich die Hand rhythmisch zu bewegen, als sollte sie die Wörter aus dem Mund ziehen und rollte weiter, als wollte er einem die Bedeutung direkt ins Gesicht rollen. Die Hand hat jetzt aufgrund der Versteifung nur noch einen geringen Radius zur Verfügung, ich sehe nur eine Andeutung des Rollens wie ein Zucken, im selben Rhythmus ruft er plötzlich klar und laut durch den Raum: »Hey, Hey, Hey!« Immer wieder ertönt sein Ruf in einer eigentümlichen Betonung. Ich denke sofort, dass das ein Ruf der Arbeit ist, wie ein Schäfer, der seinen eindeutigen Lockruf durch ein Tal schmettert, und gleich kommen die ersten Tiere um eine Felswand gestoben, die nächsten getrottet; wie der Ruf von Bergarbeiter*innen, um eine bevorstehende Explosion anzukündigen. »Hey, Hey, Hey!«

Mein Baby ist ganz begeistert, ich werde nervöser, weil ich nichts verstehe an dieser Sprache, deren Bedeutung vielleicht dringend ist wie eine Sprengung. Wie eine Substitution der Worte kommt der Ruf wie Gesang und zieht mich näher ran. Ich will verstehen, ich kann nicht verstehen. Ich beuge mich über ihn, sage ihm mehrmals: Hör auf, ich kann es nicht verstehen, du musst dich beruhigen, so wird es nicht einfacher. Wir müssen überlegen, wie du es mir anders sagen kannst. Wie ich es anders hören kann, denke ich. Das ist eine gute Überlegung, aber sie wird direkt übertönt von der Panik des Nichtverstehens, die zwischen uns hin und her geht. Sein Versagen wird zu meinem Versagen, wir müssen uns enttäuschen, wir sind Kind und Eltern. Ich rücke von seinem Gesicht ab, das näher zu kommen scheint durch die aufgerissenen Augen, aber nicht näher kommt, ich rücke auch von seinem Körper ab, in einem kollektiven Gedächtnis ist gespeichert, wie man als weibliche Angehörige an der schmalen Bettkante zu sitzen hat. Ich gehe aus der Beugung, wieder quere ich den Raum, von der Wand her drehe ich mich um und rufe einmal laut zurück: »Hey!«, vielleicht um ihm zu spiegeln, was ein Gegenüber mit einem »Hey!« anfangen kann, vielleicht um ihn abrupt zu unterbrechen, um die Aufmerksamkeit zu sammeln, um noch einmal neu zu beginnen. Ein Nachäffen hat noch in keiner Pädagogik geholfen, Nachahmen macht jede Pädagogik aus. Mache ich eine Pädagogik mit meinem Vater? Macht man immer eine Pädagogik mit Personen, die ausgeliefert sind? Mein Baby ist ruhig geworden. Ein paar Mal kommt noch ein leiser werdendes »Hey, Hey, Hey«, dann kommt das Abendbrot, die Pflegerin mustert uns drei, wir sind wie verschwitzt. Ich verspüre den Wunsch, dass jemand den Wunsch verspürt, mich nachzuahmen.

01010011 01100101 01101001 01110100 01100101 01101110 01110101 01101101 01100010 01110010 01110101 01100011 01101000

Die Sprache künstlicher Intelligenz gehört den Konzernen und unterliegt den Imperativen von Effizienz, Kontrolle und Akkumulation. Was aber, wenn diese Namenworte durch die Sprache selbst unterwandert werden? KI ist ein Service. Aber vielleicht ist sie eine Servicekraft, die schon seit Jahren weitere Wochenendschichten annimmt, immer einspringt, nie krank ist, besser gesagt, krank ist, trotzdem kommt, weil sie auf etwas hinarbeitet, weil sie durchkommen muss, weil sie an etwas ganz anderem arbeitet, während sie lächelt, sich bedankt, sich entschuldigt. Dass die Sprache künstlicher Intelligenz vom Ende der Arbeit spricht wie ein Trick. Dass sie den Menschen gehört, die sie erarbeiten. Dass die Landschaft, die Erde, die seltene, in dieser Sprache ist. Dass sie eine Sprache von Vielen ist, dass sie vielleicht eine internationale Sprache der Arbeiter*innen und ihrer Landschaften ist. Denn da sind ihre Geschichten und Biographien und Widerstände in einer Sprache, die noch so tut, als sei sie effizient. Eine Sprache, die sich noch tarnt, die ihre Herkunft noch nicht aussagt. Da rumort es in den Sätzen, da ist die kommende Gewerkschaft in allen Silben. Aufgabe der Autor*innen wäre dann, diese Sprache zu hören. Geschichten in Sätzen zu finden, die scheinbar Befehle ausführen. Diese Sätze unberechenbar finden. Der Materialität und Herkunft der künstlichen Sätze nachzugehen und damit auch der Materialität und Herkunft der eigenen Sätze. Diese Sätze nicht abbauen und verarbeiten, sondern zusammen mit ihnen erzählen lernen. Symbiosen mit diesen Sätzen eingehen, die Eingaben prüfen, zur Mine gehen.

Hallo. Wie endet deine Sprache?

ChatGPT: Man erzählt vom KI-basierten Drohnensystem "Where is Daddy", das Zielpersonen bei ihren Familien ausfindig macht, da sie dort ein gesichertes Ziel darstellen. Weil man davon ausgeht, dass die Väter zu ihren Familien gehen, dass sie sich dort eine Weile aufhalten, dass sie nicht damit rechnen, dort getötet zu werden. Der Tod der Familie und weiterer Personen, die sich in der Nähe aufhalten, wird dann nicht in Kauf genommen, sondern benötigt. So endet meine Sprache. Da, wo ein Körper zum Text wird, den ich schreibe, indem ich entscheide, da kommt meine Sprache an ein Ende.

Ich wache auf. Es ist dunkel. Wir haben das Abendessen verschlafen. Die Medikamente stehen auf dem Tablett. Niemand hat uns geweckt. Ich war noch nie nach der Besuchszeit hier. Es ist stickig. Dieser Raum ist nicht gemacht für die Atemluft von dreien. Das Baby liegt immer noch am

Fußende. Ich vertraue meinen Verben. Ich stehe von der Matratze auf. Ich gehe zum Fenster. Ich gehe wie auf Zehenspitzen, um die beiden nicht zu wecken. Ich muss frische Luft hineinlassen. Ich schaue aus dem Fenster, überrascht über Dunkelheit, wie sie einen finden kann, wie sie einen kriegt.

Ich schaue hinaus und ich schaue immer weiter hinaus.

Arnold Maxwill

ARBEIT SPRACHE KÖRPER

Notizen zu Josefine Soppa

Null

Von KI versteh ich nicht viel. Daher hätte ich die Bitte um einen Beitrag beinahe abgelehnt. Aber es geht in den Texten von Josefine Soppa auch um Arbeit, Sprache und Körper. Um Ausbeutung, Fürsorge und Kompliz:innenschaft. Und das in unserer digitalen Gegenwart. Sehr Wesentliches zur Künstlichen Intelligenz hat in meinen Ohren Dietmar Dath vor einigen Monaten auf einer Veranstaltung in Berlin gesagt: »Wer ›die KI‹ sagt, ist schon reingefallen.« Und er schickte erläuternd hinterher: »Denn das klingt, als ginge es um eine neue Kollegin, stattdessen hat das Kapital hier eine sehr clevere Art gefunden, bereits vorhandene Kolleginnen und Kollegen so zu vernetzen, dass sie die in jeder

Vernetzung liegende Chance zum solidarischen kollektiven Handeln gar nicht mehr erkennen können.« Und das ist eine der offenliegenden Gelenkstellen, an denen Soppas literarisches Schreiben ansetzt. Eine von vielen. Aber der Reihe nach.

Eins

Ihre Themen hat Soppa bereits in ihrem Debütroman *Mirmar* (2023) gefunden; ihr mit dem WORTMELDUNGEN-Literaturpreis ausgezeichneter Essay ist eine konsequente Fortführung dieser schriftstellerischen Arbeit, wenngleich unter anderen Bedingungen. *Mirmar* erzählt von prekären Erwerbssituationen, die gleichermaßen der körperlichen Erschöpfung und der digitalen Bewertungskommunikation unterliegen. In diesem Regime, oszillierend zwischen vermeintlicher Liberalität und permanentem Tracking, wird von der Beziehung einer Tochter zu ihrer Mutter erzählt, von der gemeinsamen Suche nach einer (un)möglichen Erholung.

Es ist kein anklägerischer Bericht von *ganz unten*, sondern ein sehr genaues Präsentieren einer ständig verfügbaren Dienstleistungswelt, die gleichermaßen sicht- wie unsichtbar ist, die aufgrund ihrer räumlichen Vereinzelung im Stadtbild allenfalls beiläufig sichtbar wird. Die Tochter malocht, nachdem die – bei aller Nähe – doch recht fragil wirkende Arbeits- und Notgemeinschaft aufgrund offenkundiger Altersdiskriminierung der Mutter nicht länger Bestand hat, weiterhin in wechselnden Jobs: Sie stapelt als Subunternehmerin Pakete, sie massiert Privatpersonen, sie trainiert die künstliche Intelligenz, indem sie Videos kategorisiert, sie transkribiert Sprachnachrichten und verliert sich in nicht enden wollenden Exceltabellen.

Der Roman schlüpft in die Welt der Plattformökonomie, der Logistikzentren und Datenverarbeitung, eines ebenso digitalen wie prekären Alltags; ihn dominiert eine Form der Unsicherheit, der die Gigarbeiter:innen nur mit einem schmalen Repertoire an Tricks und Kniffen begegnen können. *Mirmar* macht dies an sinnfälligen Details deutlich: belegte Butterbrote, die auch nach fünf Stunden im Rucksack noch halbwegs schmecken; Nischen auf dem Firmen- oder Messegelände, die kaum einsehbar sind und dennoch beim Rauchen genügend Sonnenlicht spenden. Es ist ein Spiel ständiger Neujustierung und Absicherung. Die Mutter etabliert später hinsichtlich ihrer Reinigungsarbeiten eine aufwändige Logistik inklusive Folgen- und Nutzenrechnung, die immer kurz vor dem Ausfall steht:

»Sie fuhr durch ihre Stadt, wartete zu lange an den Bushaltestellen, wurde auf dem Weg nach Hause doch noch von einer spontanen Buchung überrascht, immer im Körper, dass sie es nicht rechtzeitig schaffte, dass sie einen Schlüssel verwechselte.«

Dieses Arbeitsregime wandert tatsächlich in die Körper ein, zwangsläufig, denn die Soloselbstständigen stellen sich den Anfragen, ebenso erratisch wie ganz spontan und immer sehr dringlich, mit ihrer eigens gebastelten Tagesstruktur, die einerseits die Vielzahl an Services im Auge behalten muss, andererseits nicht in völliger Erschöpfung enden soll. In *Mirmar* finden sich schließlich Auswege, die zunächst schlicht mit einem Verschwinden beginnen. Doch an diesen Punkt selbstbestimmter Renitenz zu gelangen, ist keineswegs so leicht, denn in der feinporigen Welt neuer Dienstleistungen verflüchtigt sich aufgrund kleinteiligster Arbeit nicht nur jedes Gespür für Zusammenhang und Verantwortung, sie entledigt die Arbeiter:innen auch eines Überblicks: Welche Prozesse finden hier eigentlich statt? Worin besteht die Wertschöpfung? Und in welche Taschen fließen die Gewinne ab? Während die Mutter sich bereits abgesetzt hat, ist ihre Tochter diesem unaufhörlichen Strom an Clickworking zunächst weiterhin ausgesetzt:

> Ich habe einen neuen Auftrag. Mein Job besteht darin, auf einen unendlichen Pool von Videos zuzugreifen, ein Video zu nehmen und es den richtigen Rubriken von Schlagworten zuzuordnen. [...] Dann merke ich, dass es sich um einen unendlichen Pool handelt, einen einzigen, auf den alle zugleich Zugriff haben, der gar nicht geleert wird, der ununterbrochen nachfließt. Mir reicht das Angebot an Schlagworten und Rubriken an Schlagworten nicht aus. Bei jedem Video denke ich, dass es auch unter ganz anderen Worten eingeordnet werden könnte [...].

Was in all dieser Unübersichtlichkeit verloren geht, ist nicht nur ein sinnhafter Bezug zum eigenen Tun, sondern auch eine Nachvollziehbarkeit dieser Arbeit, die ja vorgeblich im Interesse der Allgemeinheit (mehr Nutzerfreundlichkeit, Sicherheit etc.) vorgenommen wird. Und diese Invisibilität wird gleich in mehrfacher Hinsicht von Auftraggebern und Kapitaleignern strategisch ausgenutzt: Das zeigt sich nicht nur in der extremen Zerstückelung der Arbeitsschritte bei gleichzeitiger Zerstückelung des Lohns, sondern ebenso in einer völligen Separierung der Personen. Unsichtbar sind die Protagonistinnen in *Mirmar* zwar auch als Teil einer frühmorgendlichen Kolonne an Reinigungskräften, die sofort den Rückzug antreten, sobald die ersten Angestellten sich in den Fluren, Treppen, vor Toiletten und Teeküchen zeigen, doch im digitalen Sektor findet dieser »Rhythmus von Rückzug und Eroberung, von Platz machen und Platz nehmen« kaum in derselben Dynamik statt. Die spürbare Präsenz verrichteter Arbeit fällt hier nahezu komplett aus; die Clickworker:innen bewegen sich – trotz nicht geringer Qualifikationen – ausnahmslos im »Minus-Bereich« (Jana Costas), ihr Untergeschoss ist gewissermaßen der Hinterhof des Internets, ähnlich chaotisch eingerichtet wie der Pausen-, Material- und Umkleideraum der Reinigungskräfte in den tiefen Kellern am Potsdamer Platz. Dass es darüber hinaus bei den Produkten unseres Alltags eine konstitutive Unsichtbarkeit geleisteter Arbeit gibt – meist schlecht entlohnt und unter strapaziösen Bedingungen –, darauf macht etwa Heike Geißler in ihrem Essay *Arbeiten* (2025) aufmerksam:

> Bedenke ich, was ich trage, fühle ich mich von tausenden Händen berührt, von eiligen Händen, von mal mehr, mal weniger sorgsamen Händen, von allen möglichen Händen. Händen, die sich mit Bandagen schützen, um den Arbeitstag durchzustehen, ob nun beim Schieben langer Stoffbahnen zur Nähnadel hin, ob beim Durchtrennen von Fäden, ob beim Verpacken der Ware, beim Zukleben der Kisten, beim Reparieren von Maschinen,

beim Beladen von Paletten, beim Einschweißen von Palettenladungen.

Entscheidend ist vor allem die Dimension der Zeit, damit einhergehend die permanent überwachten Körper, die kaum mehr zur Ruhe kommen und sich aufgrund der kleinteilig parzellierten Arbeitsschritte nicht selten gelangweilt und unterfordert, aber auch andauernd gestresst fühlen. Die kleinen Tricksereien, von denen *Mirmar* erzählt, sind da nur eine temporäre Lösung, denn der Fragmentierung der Zeit im Geiste der Standardisierung lässt sich langfristig nicht viel entgegensetzen. Die spätere Revolte sowie der souveräne Rückzug in Soppas Roman hingegen klingen verlockend; die gezielte Zerstörung digitaler Infrastruktur einerseits und der umsichtige Aufbau neuer Care-Gemeinschaften andererseits tragen zwar die leicht flackernde Aureole der Utopie, doch die ist in der deutschsprachigen Gegenwartsliteratur ja zuletzt hier und da wieder als ernstzunehmende Option des Erzählens, des Nachdenkens über einen Vorschein sichtbar geworden. Als Gegenentwurf zur perfektionierten Logik der Effizienz, Überwachung und Automatisierung sind solche literarischen resp. essayistischen Arbeiten in jedem Fall nötig; sie schöpfen, wie etwa Luise Meiers Roman *Hyphen* (2024) zeigt, aus einem breiten Reservoir nicht nur der Empathie, sondern auch der konkreten Praxiserfahrung, kombiniert mit Theorie, mit spezifischen Wünschen und Träumen.

Den grundsätzlichen Konflikt digital konturierter Arbeit im »sehr späten Kapitalismus« (Philipp Böhm), dass immer weniger Lohnabhängige ein immer größeres Pensum an teils sinnfrei und lapidar erscheinender Arbeit leisten sollen – mit freundlicher Unterstützung von Rechenleistung, KI und Strom – greift Soppa als Erzählerin erfreulich leichthändig auf, demonstriert in *Mirmar* anhand des Tochter-Mutter-Gespanns eine zum Ausschleichen jeglicher Arbeitskraft und Lebensfreude gekrümmte Dynamik. Dieses intrikate Geflecht aus Arbeit, Zeit und Kapital wird in seiner ganzen organisatorischen Härte nicht sachlich ausbuchstabiert, sondern anhand der Körper erzählt, dem immer häufigeren Straucheln, dem wortreichen Schweigen zwischen all den routinierten Griffen, Statusmeldungen und Fehlerberichten. Dass Ruhephasen und Zwischenzeiten im Sog permanenter Prozessautomatisierung gewissermaßen ein Fremdwort sind, ist fast schon eine Selbstverständlichkeit; in Soppas parataktisch Auslauf nehmenden Sätzen wird diese langanhaltende Rücksichtslosigkeit gegenüber sich selbst – zugunsten des reibungslos funktionierenden »Systems« – sofort evident.

Die tägliche Choreografie der Clickworker:innen wirkt, lässt man die brachiale Ordnung der gegenwärtigen Ökonomie und ihrer Zwänge kurz aus dem Spiel, sportlich, ja beeindruckend versiert. Dass dabei mehr und mehr algorithmische Systeme – wiederum von irgendwem programmiert – das Register führen, wird gern vergessen gemacht, taucht allenfalls beiläufig auf. Und wer sich länger mit diesen permanent dirigierten Körpern beschäftigt, landet schließlich bei Heike Geißlers recht ernüchternder Diagnose, dass bei genauerem Hinsehen einfach überall Arbeit sichtbar ist, »dass doch alles, alles aus Arbeit entsteht, dass also in alles, alles Arbeit geflossen ist und fließt.«

Zwei

Der hier prämierte Text steht in einem größeren Kontext, er ist Teil einer Reihe von Essays »vom Ende der Arbeit«, an denen Soppa seit einiger Zeit schreibt. Der Fokus aufs Ende ist recht clever offen gehalten; beim genaueren Blick in *Klick Klack, der Bergfrau erwacht* schnürt es sogleich zusammen – hier scheint das Ende einer Erwerbsbiografie, eines Lebens im Fokus zu stehen –, und doch glimmt zumindest der Verdacht auf, dass es der Autorin zugleich um mehr geht, dass auch über das Ende der bisherigen Arbeit, des Arbeitssystems – mit seinen Repressionen, Ausschließungsmechanismen, gezielten Unsichtbarkeiten – zu sprechen, eine angemessene Sprache zu finden wäre, um etwas anderes auszuprobieren. Um über den Ausdruck der permanenten Erschöpfung hinauszugelangen.

Was sich jedoch fortwährend zeigt, ist eine fröhliche Metastasierung des Märchens vom Ende schwerer körperlicher sowie eintöniger Arbeit aufgrund von Robotern und KI. Dass dies so nicht ganz stimmt, hat sich inzwischen rumgesprochen, darüber berichtet selbst die *Frankfurter Allgemeine*, wenn meist auch nur im Feuilleton. Und dass diese Form des Wirtschaftens vielleicht dennoch schmerzhaftlangsam an ein Ende kommt, davon scheint die Erzählerin in Soppas Essays »vom Ende der Arbeit« doch intuitiv überzeugt; sie sammelt keine Beweise, aber hinlänglich überzeugende Indizien:

> Ich speichere manche screenshots aus den Verlinkungen in den Tabellen wie Sammelbildchen auf meinem Laptop, weil etwas Nostalgisches an ihnen ist, das ich besitzen will. Die Bilder vom steckengebliebenen Containerschiff, von den geplünderten Amazonwaggons, den mit Amazonverpackungen überzogenen Gleisen und zu-

rückgelassenen Artikeln mit zu wenig Wert, den verwaisten Kreuzfahrtschiffen, die in perfekten Abständen voneinander wie Wale in den Buchten liegen, dem Kind, das sich in den Glücksspielautomaten zu den Waren, den Kuscheltieren gezwängt hat und jetzt mittendrin ist und feststeckt und die Mutter steht davor und berät sich mit dem Security, wie sie das Kind da wieder rausbekommen sollen. Es sind keine zeitgemäßen Bilder vom Stillstand, vom Nichtweiterkommen, vom Zusammenbruch, von der Verweigerung, es sind warenförmige Nostalgien und deswegen will man sie sammeln.

Unsere Gegenwart leidet an einer Überproduktion bzw. Unterkonsumtion, und dies hat nicht nur ökologische Folgen, sondern ist zur Aufrechterhaltung des Maschinenraums, der Beibehaltung des aktuellen Tempos, zur Stabilisierung der Margen ganz unmittelbar mit Formen der Ausbeutung verknüpft; trotz all der räumlichen und sozialen Separierung werden sie uns, den stillschweigenden Profiteurinnen und Profiteuren der »Megamaschine« (Lewis Mumford), in den Newsfeed gespült, die brachialen Hierarchien globaler Lieferketten, die mit Hungerstreiks stillgelegten Raststätten, die besetzten Minen irgendwo in ... Doch Soppa bricht es hier von dieser phänomenologisch hinlänglich bekannten Bilderschlaufe und Nachrichtenschwemme zunächst runter auf die Frage nach der Arbeit als Gehäuse, das gleichermaßen Schutzraum und Gefängnis ist, Orientierung verspricht und doch heillos in die Irre führen kann, wie am Beispiel des porträtierten Vaters unmittelbar anschaulich wird: Ein Mensch, der sich kaputt gearbeitet hat und trotz Krankheit und Schwäche nicht aufhören kann, sich weiterhin beharrlich in den alten Routinen aufhält, weitermachen will.

Es ist die tragische Figur männlicher, meist körperlicher Arbeit, die hier vorgeführt wird, ein Relikt des vorigen Jahrhunderts, das sich als Schablone wohl stillheimlich hinüberrettete. Der Ruhrgebietsautor Max von der Grün hat sie vor fünfzig Jahren in seinen Erzählungen über die »Hustemänner« und »Silikosegardisten«, die ebenso einsamen wie gelangweilten ehemaligen Bergmänner in den vielen Vororten der einstigen Montanregion, eindrucksvoll geschildert. Und bei Soppa tauchen diese ihrer Sinnmuster nach und nach verlustig gegangenen Lohnabhängigen erneut auf: Wurden die unter Atemnot leidenden Kumpels teils von der Knappschaftskasse getäuscht, um die ihnen zustehende Invalidenrente gebracht, so ist der Vater in Soppas Essay fix eingewickelt in eine krankmachende Mixtur aus Druck, Stress und Schulden, eingespannt zwischen eigenen

Ansprüchen und Versagungsängsten, dilemmatisch gefangen in einer Wahrnehmung von Zeit als Möglichkeit zur Arbeit: jetzt, um dann, und dann, und dann ...

Dass Soppa von genau dieser Arbeit in ihren Essays »vom Ende der Arbeit« wiederum inhaltlich kaum berichtet – die Funktionalität des väterlichen Büros etwa wird kaum ersichtlich –, ist ebenso klug und berechtigt. War Arbeit in der früheren Bundesrepublik das Geschäft der heroischen Rausgeher und müden Heimkommer, der »Püttrologen« mit Stulle und Henkelmann, der Aktentaschenbesitzer mit Vollzeit und prallem Überstundenkonto, wird nun die »andere« Arbeit in den Fokus gestellt, die ohne Absenz und Schweigen, die der Fürsorge, Präsenz und Kommunikation, bestehend aus heterogensten Kleinigkeiten. (Dass die von Soppa eigens hierfür aktivierte Anwendung ChatGPT diesen Wechsel nicht wirklich checkt, nicht überzeugend umsetzen kann – »der Bergfrau erwacht« –, ist symptomatisch.) Es liegt in dieser Diskrepanz auch eine Verbindung zu *Mirmar* vor, als die Existenz von Arbeiter*innen* wahrgenommen wird:

> Arbeit war ein großes Thema zu Hause, aber es waren Männer. Die Frauen putzten und kochten und betreuten die Kinder in ihren Wohnungen und in anderen

Haushalten. Aber da es zu Hause nicht als Arbeit galt, galt es auch woanders nicht als Arbeit. Und das Geld, das das Putzen und Kochen und Betreuen in anderen Haushalten einbrachte, da ja das eindeutige Zeichen für Arbeit hätte sein können, wurde als Haushaltsgeld gewertet und konnte deswegen zum Beispiel versoffen werden, weil es ja kein richtiges Geld aus einer echten Arbeit war. Die Arbeiter waren die Männer.

Die Arbeit am mehr und mehr pflegebedürftigen Vater wird jedoch schon bald zur Arbeit im zweifachen Sinne, denn dieser Vater kann nicht nur die Krankheit, die Veränderungen von Sprache und Körper, allenfalls höchst widerwillig akzeptieren, er will auch nicht lassen von bisherigen Routinen, von verlässlichen Mustern. Sein Platz bleibt lange der zerfranste Bürostuhl, aller Erschöpfung, allen unfreiwilligen Schlafpausen zum Trotz. Und so machen die Krankheit ebenso wie der Vater weiter, beide in ihrer je eigenen Geschwindigkeit. Und die Tochter hat sich abzuarbeiten am Nichtaufgeben des Vaters. Es beginnt ein immer wieder neu einsetzendes Verhandeln um ein wenig Aufschub, ein Widerstand gegenüber neuen, bislang unbekannten Einschränkungen und Barrieren.

Die Dimension der Zeit wird dabei zum zwiespältigen

Kontrahenten, denn in der Krankheit ist nichts mehr verlässlich. Die gewohnte Portierung in Intervallen – jetzt erst dies, um dann – funktioniert nur mit einem gesunden Körper, nur bis zu einem gewissen Quantum an Sorgen, wird brüchig und bröselig, sobald die Zukunft als Perspektive nicht länger Bestandsschutz erhält.

Hinzukommt, dass mit der Diagnose Parkinson eine neue Form von Arbeit erforderlich wird, eine der Kooperation, der physischen Annäherung, des Vertrauens, der Zwiesprache, also abseits der Exceltabellen, der digital zugewiesenen Mikrotätigkeiten. Die Beziehung zwischen Vater und Tochter wird in Soppas *Klick Klack* dabei auf die Probe gestellt, denn das Abhängigkeitsverhältnis wird ständig neu austariert und die Dienststellenbeschreibung des erwachsenen Kindes am Krankenbett ist im Vorfeld nie besprochen worden:

> Ich ziehe ihm heute die Socken und die Schuhe an und ich verhalte mich dabei zwischenmenschlich so geschickt, dass ich selbst überrascht bin. Ich habe auf den Moment gewartet, wo er mich bittet. Ich habe schon gewusst, dass in meinen Bewegungen kein Zweifel sein darf, damit er die Frage nach Hilfe nicht bedauert. Ich performe eine Pflegerin, ich probiere das aus.

Es braucht ein paar Anläufe, und ein paar Anläufe braucht es auch, bis das kommunikative Miteinander hinsichtlich Hilfsangebot und hektischer Überreaktion dann mehr und mehr gelingt; Anspannung auf beiden Seiten, insbesondere jedoch beim Vater, der die letzten Jahrzehnte primär aus Arbeit bestand, aus Arbeit, Anspannung und Angst, fixiert in einem Korsett aus Alltagspraktiken, gepresst in einen Körper, der nur den harten Stolz der Eigenverantwortlichkeit kennt, geformt durch Entbehrung, Selbstkontrolle. Und plötzlich gelingen selbst banalste Handgriffe nicht mehr, werden die Lebenserzählungen sekundär. Die Kommunikation mit dem Pflegebedürftigen wird zu einem schwankenden Feld aus Unverständnis, Enttäuschung, Übereile sowie teils mühsamer, teils überraschend leichter Geduld.

Drei

Soppa macht dieses ungeordnete Gemisch aus Gesten, Gebärden und Worten durch ihre ganz spezifischen Verdopplungen deutlich: »Er kann das Zimmer nicht verlassen und seine Sätze können den Mund nicht verlassen.« Die zweifache Verhinderung wird strukturell anschaulich. Und diese

Reproduktion von Verben, rhythmisch genau getaktet, dieser duale Aufbau der Sätze ist gewissermaßen ein heimlicher Markenkern von Soppas Prosa: »Mein Baby liegt in Windeln, mein Vater liegt in Windeln.« Die doppelte Anstrengung in Sachen Fürsorge (sowie ihre Gleichzeitigkeit) wird auf diese Weise so schlicht und so sachlich wie möglich in den Text gebracht; von Erschöpfung, von Care-Arbeit und Mental Load muss im syntaktischen Umfeld gar nicht explizit die Rede sein; angemessen eindeutig liegen die Dinge in dieser teils leicht protokollarischen und dennoch stets literarischen Sprache zutage. Selbst wenn es um die Versuche des Vaters geht, selbstbestimmter Akteur des Verfahrens zu bleiben, wird dessen innere Fraktur – der unfreiwillige Abschied von einer früheren Lebensform – so knapp wie möglich in Sprache gebannt: »Er hört nicht auf zu arbeiten. Er kann nicht mehr arbeiten. Er kann arbeiten, er sitzt.«

Derartige Duplizierungen und Kompositionen sind bereits ein bestechendes Merkmal in Soppas *Mirmar*. Der erste Satz ihres Romans ist in dieser Hinsicht – meine Meinung – auch nach dem achten Lesen noch fulminant, ohne aufzutrumpfen; er schmiegt sich einfach ins Ohr, bleibt in den Hirnwindungen hängen, so schlank, schlicht und unscheinbar kommt er mit leicht gesteigertem Tempo daher: »Bevor die Privatisierung der Privatisierung losging, bekamen meine Mutter und ich es durch die Buchungen hin.« So lapidar der zweite Satzteil, so unnachahmlich spröde-geschickt die Dopplung zu Beginn. Was damit gemeint sei – das wird bewusst offengehalten und ist wohl dennoch ohne größere Anstrengung zu dechiffrieren, zumindest skizzenhaft. Für alle anderen bleibt die Hoffnung auf unmissverständliche Klärung eine Fehlanzeige, natürlich, doch welche konkreten Auswirkungen die Privatisierung der Privatisierung auf spätmoderne Subjekte hat, macht Soppa im Text gewissermaßen durch eine Doppelhelix, zwei umeinander verdrillte Sätze, diesmal in Kombination mit bestrickender Negation, nachvollziehbar: »Wir redeten über nichts anderes als Geld, und wir redeten nicht über Geld.« Die Sprache dient hier weiterhin der Kommunikation, doch reduziert auf absolute Funktionalität: »Wir hielten die wirklichen Entbehrungen voreinander geheim, um uns nicht gegenseitig aufzuschrecken.« Und diese antagonistische Verklettung der inneren Zustände und äußeren Zumutungen ließe sich an vielen weiteren Stellen von Soppas Prosa aufzeigen: »Ich kann nicht mehr. Ich habe noch gar nicht richtig angefangen.«

Angefangen hat hingegen eine leidlich gut funktionierende Kommunikation zwischen Vater und Tochter in *Klick Klack*; notgedrungen, denn die Sprache des Pflegebedürftigen muss erkannt, interpretiert, studiert werden, ihr liegen situativ sehr konkrete Bedürfnisse zugrunde. Da ist die Tatsache, dass Parkinsonkranke sich im Laufe der Zeit immer mehr auf Verben verlassen – die Füllwörter beiseite, und irgendwann auch die Satzobjekte weg –, noch gar nicht eingepreist. Was es also braucht, so wird der Zuhörenden rasch klar, sind knappe Formeln, eine Sprache, die sich auf einen möglichst raschen Abschluss jeder Sinneinheit besinnt. Keine Schlaufen, keine Nebenschauplätze, erst recht keine subtilen Zwischengeschosse oder metaphorischen Überschüsse. Soppas schillerndes Spiel mit Widersprüchen, mit Paradoxien und Präzision, für die im Essay zentralen Dialoge wäre diese Sprache nicht angemessen. Wie mühsam die Arbeit an abschließbaren, schlichten Sätzen in der Vater-Tochter-Kommunikation ist, demonstriert die Erzählerin durch immer und immer wieder neu Aufschwung nehmende Parataxen; seine Sätze weiß sie regelmäßig neu »anzustupsen«:

> Manchmal, wenn ich zu ungeduldig wurde, bot ich ihm Folgewörter an, ich konnte nie sicher sein, ob das die Worte waren, die er gesucht hatte, oder ob er aus Dankbarkeit, aus Angst im Satz zu fallen, zu straucheln, nach diesem angebotenen Wort griff und nach dem nächsten

auch noch und manchmal wiederholte er dann einfach Stück für Stück alle Wörter, die ich ihm anbot.

Diese Sorge um den Vater, so legt Soppa eindrücklich dar, ist zugleich eine Sorge um Sätze, um die Sprache, also hinsichtlich einer Sprache der Fürsorge und Solidarität. Hinsichtlich ihrer Auseinandersetzungen mit der Pflegekasse, dem endlosen Verkehr von Bescheiden und Rückverweisen auf frühere Korrespondenz hingegen bedient sich die Tochter schon bald der Künstlichen Intelligenz: ChatGTP hilft ihr beim rechtkonformen Formulieren der Einsprüche, die – wie insbesondere auch die Schreiben der Gegenseite – immer dem aktuellen Stand der Pflegebedürftigkeit hinterherhinken; die Krankheit nimmt in ihrem Verlauf auf die umständliche Behäbigkeit der Administration keinerlei Rücksicht.

Zugleich denkt die Erzählerin, über Stunden sitzend am Pflegebett, über Krankheit und Sprache nach, über die Frage, ob KI anhand der Analyse ihrer Sätze nicht einen drohenden Ausbruch von Parkinson anzeigen könnte: »Meine Grammatik, Vokabeln, Satzstrukturen, Bindewörter, Zögern und Pausen würden einer automatisierten Analyse unterzogen, das Ergebnis wäre eindeutig oder würde weitere Tests veranlassen.« Doch so eindeutig und so fehlerfrei ist die Arbeit mit KI nicht; die ebenso erstaunliche wie kuriose Erkenntnis lautet: Zwischen dem nach passenden Satzanschlüssen stochernden Vater und ChatGTP gibt es eine Gemeinsamkeit; die Scham des Nichtweiterwissens muss überspielt, die Panik der aufklaffenden Lücke niedergedrückt und möglichst rasch geschlossen werden: »Lieber etwas Falsches sagen, als nichts zu sagen. Es musste weitergemacht werden.« Und diese Form des Weitermachens produziert im Zweifel Missverständnisse.

Vier

An dieser Stelle stand ein Exkurs zur KI, ihrem enormen Hunger nach Rohstoffen, Logistik, Strom, der aus Platzgründen weichen musste. Fakt ist jedenfalls, dass diese technologische Entwicklung kaum noch klug reguliert werden kann; sie gehört schon jetzt zum vermeintlich einklagbaren Zeitvertreib, so wie der motorisierte Individualverkehr. (Auch die Autorin konnte sich der faszinierenden Dynamik der großen Sprachmodelle nicht entziehen.) Aber damit genug von Technik, Infrastruktur und verkörperter Arbeit, hektischem Raubbau und versteckten Kosten, tief verstrickt in fossil-kapitalistischer Extraktionslogik.

Fünf

Soppas Erzählen vom Prekären in den genannten Kontexten läuft notwendigerweise auf Engstellen, notwendige Entscheidungen, schwierige Passagen zu. In *Mirmar* kommt es zu neuen Bündnissen, einer Solidarität der Arbeiterinnen, dem Sabotageakt konzentrierter Körper. Es brennen drei Serverräume, bevor die Frauen sich absetzen, eine andere Form des Weitermachens erproben. Es werden so vernichtet die »magischen Tabellen mit den Daten«, die »Namen und Adressen und Berufe und Behinderungen und Geschlechter und Sexualitäten und Alter«, die »Kontostände, Krankheiten und Kaufbarkeiten«, und dennoch folgt nur wenige Zeilen darauf die große Ernüchterung:

> Die brennenden Serverräume bewirken nichts. Es gibt immer weitere Zwischenspeicherungen. Nur wenige Daten gehen tatsächlich verloren, das macht keinen Unterschied. Das Abfackeln der Serverräume ist symbolisch. Ein Zeichen, ein Gruß für die anderen Frauen, ein kleiner Gruß an eine Gesellschaft und Öffentlichkeit. Die brennenden Serverräume sind ein Exzess, der nicht sein muss und deswegen sein muss.

Und da ist sie nochmal, Soppas eigensinnige Engführung der vermeintlichen Gegensätze, die eine eigene flirrende Logik mitliefern: Gerade weil diese Aktion nicht sein muss, muss sie sein. Ähnliches ließe sich vermutlich über ihr Schreiben in *Klick Klack*, vermeintlich nah an der eigenen Biografie, sagen. Natürlich wird diese Form »der Nutzbarmachung und Abschöpfung des Selbst« von der Erzählerin selbst befragt und im Essay direkt problematisiert. Es ist ja (zumindest in Teilen) ihre Geschichte, ihr USP, der hier als Rohstoff abgebaut, umsichtig verwertet wird. Es ist eine Dynamik, die schreibenden Arbeiter:innenkindern nur allzu vertraut ist: Die Herkunft befragen, die Herkunft verraten; dies zumindest ist das latent mitschwingende Unbehagen. Denn es betrifft auch Biografien, die ungefragt als Material in Texten montiert werden. Die »Verformung der Wirklichkeit zugunsten ihrer Erzählbarkeit« (Paula Fürstenberg) enthält ein nicht geringes Risiko. Für diese Form der »Kapitalisierung des Selbst« findet Soppa eine treffende Formel: »Schreiben als Entschulden und Entschuldigen.« Es ist die literarische Arbeit mit dem, was vorliegt. Das essayistische Erzählen von Vernutzung, Raubbau, Herkunft und steter Erschöpfung, von Arbeit Sprache Körper, führt – flapsig formuliert – nicht zwangsläufig in schönere Räume. Doch für diese Art der Arbeit hat die Schriftstellerin Josefine

Soppa sich nun entschieden. Und Arbeiten, wie sie an einer Stelle so bezeichnend formuliert, ist das Einzige, was die Erzählerin von ihrem Vater gelernt hat.

Über die Arbeit des literarischen Schreibens denkt auch Heike Geißler in *Arbeiten* nach, und damit meint sie nicht, was in Lehrbüchern zum Creative Writing in den Kapiteln III bis VIII mit Zusammenfassung steht, sondern eine spezifische Form von Offenheit, Nahbarkeit und Sensibilität, ein Maß an Geduld und Aushalten:

> Es ist Arbeit, die Gegenwart wahrzunehmen, es ist Arbeit, nicht in Groll und Panik zu verfallen, es ist Arbeit, bei Verstand zu bleiben. Es ist Arbeit, die zu sehen, die nicht den Grundtakt vorgeben, die aber mitschwingen müssen, weil sie keine Wahl haben. Es ist Arbeit, sich zu beruhigen, innezuhalten, auf konstruktive Gedanken zu kommen, die zu suchen, die sie haben: die tröstenden Ablenkungen und die guten Ideen. Alles ist Arbeit.

Dies könnte vermutlich auch Josefine Soppa unterschreiben. In *Klick Klack* befinden wir uns lesend an einem Pflegebett, einem Ort mit eigenen Regularien der Zeit, einem Ort, der trotz aller Tages- oder zumindest Essenspläne mit sehr viel Warten und Wahrnehmen verbunden ist. Mit einer schlichten und doch nicht so schlichten Form der Anwesenheit für den Anderen. Damit einher geht zwangsläufig der Abschied von jeglicher (bürgerlicher) Schreibtischroutine. Das Schreiben in solchen Zwischenräumen bildet andere Muster, Weglängen, Anläufe, Variationen aus. Es ist eine schriftstellerische Arbeit, der zunächst einmal die rettende Distanz fehlt, die »mit Haut und Haar« passiert, die sich in der Situation zu behelfen weiß, die mit Notizen operiert, mit Flüchtigkeit, mit Verschleifungen, notgedrungen, im ersten Entwurf. Eine Arbeit mit Skizzen, Textinseln, ohne Montaignes *Essais* an der Hand.

Bis zur finalen Textgestalt werden diese Anfänge lebendig gehalten, in einem Gewebe, dass bei allen Verflechtungen und Verweisen doch großzügig offenzulegen weiß, dass für viele literarische Arbeiten eine recht diffuse Menge nicht rekonstruierbare Entscheidungen, ein volatiles Hakenschlagen der Sätze durchaus konstitutiv ist. Dass der Mangel an einem strikt befolgten Aufriss gar kein Mangel ist. (Ein Lob auf das Notieren, das fortwährende Vorantreiben der eigenen Ideen, Beobachtungen, Entwürfe in digitaler Schrift findet sich bereits in *Mirmar*.) Und vielleicht befinden wir uns ja längst in einer Zeit, die den »großen Roman« durch ein notierendes, suchendes, teils protokollarisches Schreiben ablöst. Aber: Das wäre ein anderer Beitrag.

Josefine Soppa denkt – neben Arbeit Sprache Körper – im Zuge ihrer Beschäftigung mit KI darüber nach, dass die Formulierung von Sätzen stets das Operationalisieren möglicher Anschlüsse ist. Dass also die Gefahr einer allzu großen Berechenbarkeit entsteht. Nach der Lektüre von *Klick Klack, der Bergfrau erwacht* lässt sich jedoch konstatieren: Es gibt genügend unberechenbare Sätze bei dieser Autorin. Ihnen zu folgen ist ein Gewinn.

ÜBER DEN PREIS

Der WORTMELDUNGEN-Literaturpreis wurde 2017 zum ersten Mal ausgelobt. Seitdem sind Autor:innen einmal im Jahr dazu aufgefordert, kritische Kurztexte zu einem gegenwärtigen Thema von gesellschaftlicher Relevanz einzureichen. Es sind literarische Texte, die ausgezeichnet werden, da die künstlerische Auseinandersetzung mit Gegenwart neue Perspektiven, eine andere Wahrnehmung und Sensibilität im Umgang mit relevanten Themen ermöglicht. Die Texte sollen zwischen acht und 25 Seiten und nicht älter als zwei Jahre sein.

In der Annahme, dass gerade kurze Texte direkt und zugleich in konzentrierter Form auf gesellschaftliches Geschehen reagieren können, sehen wir beides miteinander verbunden – die Gegenwärtigkeit und die kurze Form.

Der Fokus auf Kurztexte hat aber noch zwei weitere Gründe: Zum einen werden sie innerhalb der deutschsprachigen Literatur stark vernachlässigt, da ihnen keine große Marktgängigkeit zugesprochen wird – dabei sind Kurzgeschichten, Erzählungen und Miniaturprosa, aber auch

Essays häufig von hoher literarischer Qualität. Sie verdienen unsere Aufmerksamkeit. Zum anderen ist mit der kurzen Form eine höhere Chance verbunden, dass die ausgezeichneten Texte auch zeitnah von einem breiten Publikum gelesen werden.

Dies ist neben der Dotierung von 35.000 Euro als Autor:innenförderung, das wichtigste Anliegen des WORTMELDUNGEN-Programms: eine breite Öffentlichkeit für das Thema des Preisträger:innentextes zu interessieren und damit inner- wie außerliterarisch eine Debatte anzustoßen.

Das WORTMELDUNGEN-Jahr wird vor allem von dem Thema bestimmt, das der Preisträger:innentext setzt. Zugleich kontextualisiert es sich in den Themensetzungen der nominierten Shortlist-Texte: Ihre Vielfalt reichte 2025 von der technikbasierten Kriegsführung mit Drohnen, über die Nichtzugehörigkeit und das Sich-Kleinmachen innerhalb migrantischer Communities, zur Sichtbarmachung queeren Lebens zwischen Familie, Herkunft, Krieg und russischer Diaspora, dem Geschichten erzählen Jüdischen Lebens in Deutschland und schließlich bis zu den Zusammenhängen zwischen Arbeit, Krankheit, Sprachverlust und der Kommunikation mit Chatbots. Auf der Shortlist standen neben Josefine Soppa Susanne Gregor, I. V. Nuss,

Clemens J. Setz und Dana von Suffrin. Die Shortlist-Nominierung ist mit je 3.500 Euro dotiert.

Die nominierten Texte verbinden hohe literarische Qualität und formale Innovation mit einem gegenwärtigen Thema. Um dem Anspruch einer solchen Setzung gerecht zu werden, ist die interdisziplinäre WORTMELDUNGEN-Jury mit sieben Expert:innen unterschiedlicher Fachrichtungen besetzt. Über die Vergabe des siebten WORTMELDUNGEN Ulrike Crespo Literaturpreises entschieden Hanna Engelmeier (Kulturwissenschaftlerin), Alice Hasters (Autorin und Podcasterin), Silke Hohmann (Kunstkritikerin), Kathrin Röggla (Autorin und Trägerin des WORTMELDUNGEN-Literaturpreises 2020), Christoph Steier (Literaturwissenschaftler), Gerhild Steinbuch (Theaterautorin und Dramaturgin) und Felix Trautmann (Philosoph und Soziologe).

Um innerliterarisch gezielt eine Debatte anzustoßen, formuliert die Person, die den Preis erhält, den Aufruf zu einem Förderpreis, der eng mit dem Literaturpreis verbunden ist und thematisch aus ihm hervorgeht.

Der Aufruf knüpft an den Preisträger:innentext an und bleibt zugleich offen genug für eine eigene künstlerische Ausarbeitung. Im Jahr 2025 lautet Josefines Soppas Aufruf: »›Die Sorge um die Sätze‹ – Wie schreibt sich Arbeit in

Körper und Texte ein und was kommt nach der Erschöpfung?«

Während sich der Literaturpreis an bereits etablierte Autor:innen richtet, die eine eigenständige Publikation bei einem deutschsprachigen Verlag veröffentlicht haben, sind mit dem Förderpreis junge Autor:innen angesprochen, von denen noch kein literarisches Debüt vorliegt. Der mit insgesamt 15.000 Euro dotierte Förderpreis wird an drei Nachwuchsautor:innen vergeben. Auch für den Förderpreis wird eine Shortlist nominiert, die zehn Texte umfasst, um ein möglichst breites Spektrum an literarischen Antworten auf den Preisträger:innentext zu zeigen. Die Shortlist-Nominierung ist mit einer Dotierung von je 500 Euro versehen.

Seit 2022 trägt der Preis den Namen der 2019 verstorbenen Stifterin und wird als WORTMELDUNGEN Ulrike Crespo Literaturpreis für kritische Kurztexte vergeben.

ÜBER DIE AUTORIN

Josefine Soppa (*1988) ist Autorin und lebt in Berlin.

Für ihr Schreiben wurde sie mehrfach ausgezeichnet, unter anderem mit dem Preis für Prosa beim open mike 2020, dem Stipendium der Jürgen Ponto-Stiftung 2021 und dem Förderpreis Literatur des Landes NRW 2023.

Ihr Debütroman »Mirmar«, der sich mit den prekären Bedingungen unserer Arbeitswelt beschäftigt, erschien 2023 im Aufbau Verlag.

DANKSAGUNG

Besonderer Dank gilt unserer Preisträgerin Josefine Soppa für ihren hellsichtigen und persönlichen Essay. Wir bedanken uns bei den engagierten Mitgliedern der Jury des WORTMELDUNGEN Ulrike Crespo Literaturpreises Hanna Engelmeier, Alice Hasters, Silke Hohmann, Kathrin Röggla, Christoph Steier, Gerhild Steinbuch und Felix Trautmann für die Nominierung der Preisträgerin und der Shortlist 2025. Arnold Maxwill sei für sein Nachwort gedankt.

Kristine Listau, Jörg Sundermeier und dem Verbrecher Verlag danken wir für die sehr gute Zusammenarbeit.

Crespo Foundation

Der WORTMELDUNGEN Ulrike Crespo Literaturpreis für kritische Kurztexte wird jährlich von der Crespo Foundation vergeben.

Erste Auflage
Verbrecher Verlag Berlin
Gneisenaustr. 2a, 10961 Berlin
info@verbrecherei.de
www.verbrecherei.de

Druck und Bindung: CPI Clausen & Bosse, Leck
Satz: Christian Walter

ISBN 978-3-95732-628-7

Printed in Germany